性について語ろう

子どもと一緒に考える

池上 千寿子

岩波ブックレット No. 872

はじめに

赤ちゃんをみれば、だれしも「かわいい」と思い、「すくすくと育ってほしい」と願うでしょう。無事に育って幼児期にもなれば、まずは「いのちを大切にし、他人を思いやれる優しい子になってほしい」と望むのではないでしょうか。

園児ともなれば集団生活もはじまり、「他人に迷惑をかけないように」という願いがくわわるでしょう。子どもはみなそれぞれちがいますが、見守る親や大人の思いは似ていると思います。

そして小学校にあがり、思春期にもなると性のエネルギーが目覚めてきます。からだの変化、こころの葛藤、そしてなぜか気になる存在(他者)の登場……家族以外との人間関係のなかであらためて「自分とは」「生きるとは」という問いにぶつかり、他者との関係にであいます。家庭内存在から社会的存在として自立してゆくスタートです。人間はひとりでは生きていけないことに気づき、他者とのかかわりのなかで自己を発見し、自分の性にであい、生きるとはどういうことかを考え、関係を育て、幸せになりたいと願うようになります。そして努力し、成功や失敗を重ね、それなりの経験をつみ成長し死んでゆく、それがいのちの営みではないでしょうか。その営みのスタートを上手にきってほしい、そう願わない大人はいないでしょう。

「いのちを大切に」と「からだとこころの発達と性の理解」は小学校教育の大きな課題のひとつです。「いのちを大切に」とは「生きることを大切に」といい換えてもいいと思いますが、このことと「性の理解」とはじつは不可分なのです。しかし、そのことが分かっていないと、たとえば学校教育では第二次性徴で突然「性」が登場することになります。性は性欲と生殖につなげられ、性欲と生殖は性行為しか連想させなかったりします。いわゆる下半身問題となってしまい、「生きること」そのものとは別扱いされかねません。

「性、すなわち性行為」というイメージしかもたない大人が少なくないせいか、性教育は「寝た子を起こす」という批判を受けます。つまり、子どもの性行為を奨励しているというのです。そのため学校では扱いにくくなっています。家庭ではどうでしょうか。「語りにくい」「どうしていいか分からない」から、「学校で扱ってほしい」という保護者の声が多いようです。この結果、わすれられてしまうのは、「性とはなにか」ということではないでしょうか。

しかし考えてみてください。あなたの性は思春期に外からつけくわえられたものではありません。性別を、いつ、いかに意識したかは個人差が大きいでしょう。大人には女と男がおり、見た目がちがうようだということから、子どもにも女の子と男の子がいて、自分はこっちのグループらしい、というように少しずつ気づいてゆきます。そしてこのことは、どうやら死ぬまで自分と不可分にあるらしい。しかも、これは自分で選べたわけではなく、「そのように生まれたのだ」としかいいようのないものです。第1章でも触れますが、これはじつに不思議なことです。だから性は生きることの根っこにあるともいえます。「性＝生」とはいえますが、「性＝性行為」ではないのです。

一〇年間大学で教えてきましたが、ほとんどの学生は性教育を受けた記憶はあるものの、内容は「自分には無関係」という印象で覚えていません。あらためて自分のこととして性を考える機会を提供すると「これこそ義務教育でやってほしかった」という多くの声がかえってきます。

そこで、本書では「いのち、自尊感情」をキーワードに、いのち、からだ、ゆれうごく思春期、関係とコミュニケーション、多様な性のありようなどを考えていきます。「自尊感情が低い」「コミュニケーションスキルがない」「人間関係が不得手」といった問題は、いじめなど「子どもの問題」がとりざたされると必ず指摘される課題といってもいいでしょう。これらの課題は性の理解と緊密につながっています。さらに性の理解は「他者の受容と多様性の理解」につながり、それは豊かな人間関係、だれもが生きやすい社会につながります。このような性についての基本的な理解を思春期に身につけておくことは、とても大切なことではないでしょうか。そして、これは難しいことではありません。「性ってなんだろう」ということを、子どもと一緒に考えてみよう——ここからスタートすればいいのです。

性の教育を学校と家庭のどちらでおこなうべきかなどと問われたりしますが、どちらかに任せてすむことではありません。学校では子ども集団が相手、家庭ではわが子です。学校には授業だけでなく集団遊びや活動をとおして子どもと性を考えるチャンスがたくさんあります。家庭ならばわが子のニーズにあわせていかようにもできる。からだや性について安心して語れて、相談できる大人を子どもは必要としています。

いつでも、どこでも、だれにでもできる

「子どもと一緒に性を語ろう、考えよう」などと言うと「そんな、いつ、どうすればいいのですか。どんな顔でなにを語ればいいのですか」とやつぎばやに問われそうです。「性のことなんて、分からないからできません」とも言われそうです。

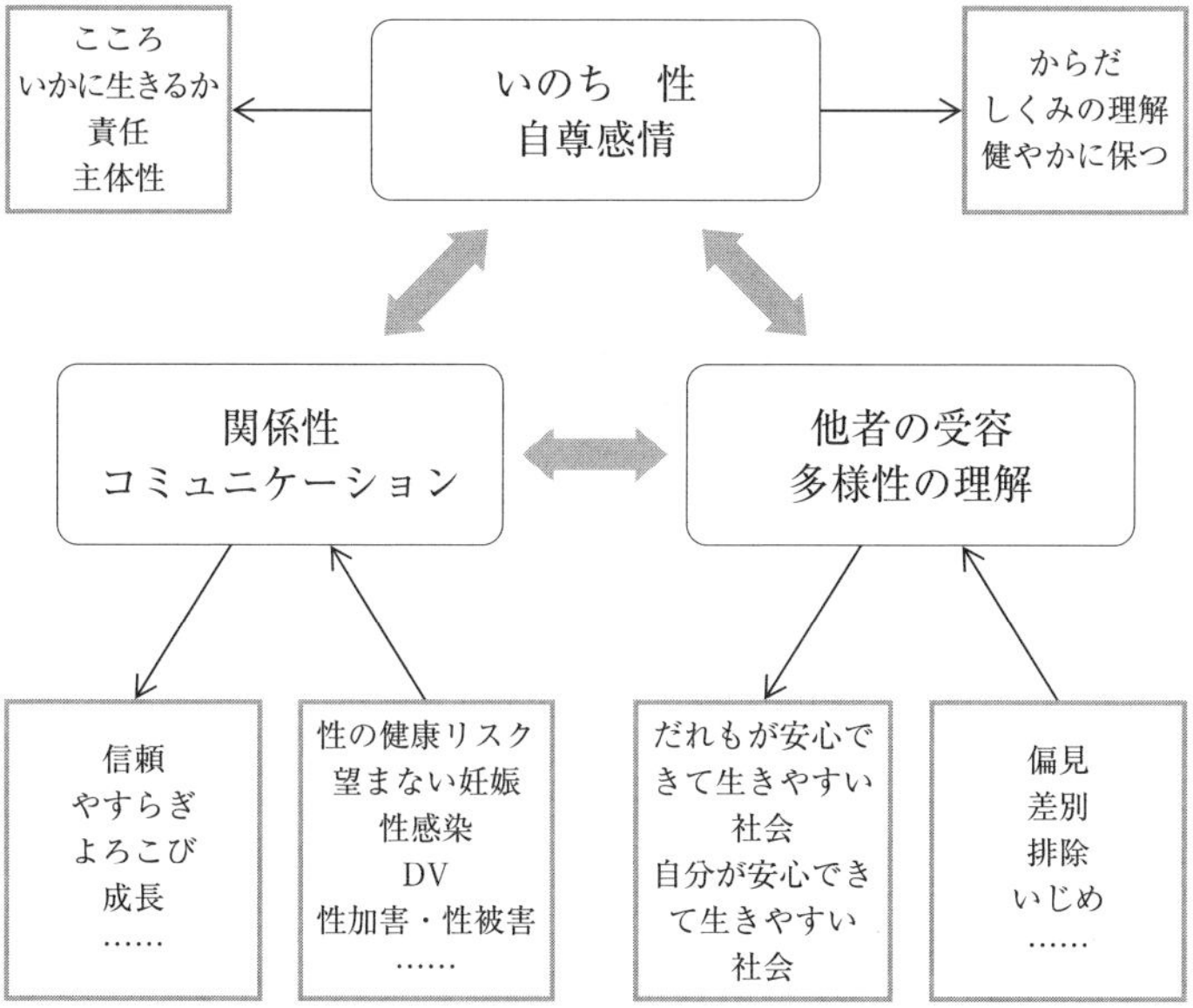

図　いのちと性——それぞれにつながっている 3 つの柱

心配や不安は無用です。子どもと一緒に考えるということは、子どもに「性についての科学的知識を伝授すること」ではありません。子どもが科学的知識を求めていたのなら「一緒に調べてみよう」でいいのです。「そういえば、性ってなんだろうね」とあらためて問い直す、あなたにとってもいいチャンス、それが子どもの役にもたつのですから一石二鳥ではないでしょうか。

いつ？　子どもが「問い」を発したとき。子どもはいつでも、どこでも「なぜ？」「どうして？」と聞いてくるものです。

どんな顔で？　いつもと同じでいきましょう。

どうやって？　この本がヒントです。

第1章　生きてここにある、という不思議——いのちと自尊感情

生きている、そのこと、そのままでいい

一番古い自分の記憶は、いつ、どのようなものでしょうか。おばあさんに抱かれて夕日に映える柿の実を見ていた。おばあさんの腕の中の温かさと、燃えるような夕日と、今にも落ちそうなたったひとつの柿の実が一番古い記憶だ——このようにはっきりとその情景が浮かぶ人もいるでしょう。生まれた瞬間からの自分の写真がふんだんにあって、それらを見ながらああだったこうだったと言われると、そんな記憶があるような気もするけれども確かではない。でも言われ続けると、覚えているようにも感じる。そんな人も多いでしょう。

考えてみましょう。わたしたちは、さあこれから生まれるのだぞと意識して生まれてきたわけではない。親を選んだわけでもない。気づいたら、すでにこの世にあって、生きていた。なぜか知らぬが、そうだった。そして周囲に自分をしかと受けとめてくれている人(たち)がいた。

記憶の鮮度はともかく、この世で今生きていることのはじまりは、自分が積極的にそうしたのだというより、受動的なものではないでしょうか。これは、生きていることの「おわり」もまたじつに受動的にやってくる、ということと似ています。「はじまり」と「おわり」という肝心なところが、自分の手中にはない。生まれてからついてまわる性別も同じですね。でも、とにかく

生きている、なぜか生かされている、これはとても不思議なことです。

説明のつかない不思議を生きているということは奇跡といってもいい。その奇跡のひとつが自分のいのちなのです。わが子に異変がおきれば「生きていてくれるだけでいい」と祈る親がほとんどでしょう。「自分のいのちとひきかえにわが子を生かして」とも祈るでしょう。なぜ祈るのでしょうか。今生きてここにあることが奇跡だということ、人智を超えた営みであることを知っているからでしょう。人智を超えた奇跡の主にすがりたいのです。

今すでに存在しているという奇跡、だから自分は生きていていいのだ、理由はいらないのだ、あるがままでいいのだ（かくあらねばならぬではない）ということに自信をもつことができること、それが自尊感情の根っこになるのではないでしょうか。そしてこの存在には「性」もついている。わたしたちはみな、性をもって生かされているといえるでしょう。

このことを具体的に子どもと考えるヒントが「いのちの問い」です。

「いのちの問い」を考えてみよう

「いのちって、どこにあると思う？」

わたしは中学校のクラスで聞いたことがあります。心臓とか脳とか、からだ全体とかいろいろ答えがでます。「心臓だとしたら、心臓移植をするといのちもうつっちゃうのかな？　人工心臓だとどうなるのだろうね？」「脳死というから脳にあると思うのかな？　じゃ脳以外のからだはいのちと関係ないのかな？」「からだ全体とすると、からだの一部がなくなるといのちは減るのかな？　はじめからからだの一部がない人はいのちが小さいのかな？」……えんえんと問い返すことができます。

「いのちは地球より重いというけど、どうやって量るのさ！」と聞かれたことがあります。いい問いですね。じつは昔、死でいのちはなくなるのだから「死の直前と直後の体重を量り、死後に体重が減ったら、減った分がいのちの重さだ」と実験した人がいるそうです。結果、減るどころか微妙に増えたそうです。いのちに質量などないのですね。重いとか軽いとか、相対的な言葉で表現することは、いのちを相対的なものにしてしまう危険があります。

「いのちはいつからはじまるの？」

小学校ではよく、卵と精子の受精からいのちははじまると教えます。受精卵が分裂してからだができていくわけですが、いのちのはじまりは目に見えるものなのでしょうか。「受精卵がいのちのはじまりだとしたら、体外受精とはいのちを人間がつくるということ？」「受精卵を凍結して保存するけど、いのちは冷凍、解凍ができるのかな？」「受精卵からいのちがはじまるとしたら、死ぬというのは最後の細胞が死ぬときなのかな？」

問い返しの内容は子どもの理解力にあわせてください。どこまで子どもが知っているのかによって問い返し方はちがってきます。しかし、重要なのは、いのちは目に見えたり、さわって分かるようなものではないこと、大小、長短、軽重など相対的に比較されるようなものではないということです。

価値があるから生きているのではなく、生きていることが価値

それでもいのちはある。いのちがあるから生きている。いのちがあるならば考えてみましょう。「あなたのいのちと○○ちゃんのいのちはちがうかな？」「大人のいのちと子どものいのちはちがうかな？」「男の人のいのちと女の人のいのちはちがうかな？」「ちがうとしたらどうちがうの？」……。早く死ぬ人も長く生きる人もいるから、いのちの長さはちがうように思える。でも、それは死んでから他人が振り返って比較することで、今をともに生きている自分と他の人のいのちはちがうのだろうか。ちがいが見つかりますか。同じとしかいえません。いのちは平等にある。生きていることのなかにあります。

このようにいのちの問いを考えてゆくと、今生きてあることの素晴らしさに抱きあいたくなりませんか。あなたはあなたのままでいい。

わたしが高校生のとき、級友が自殺しました。その級友は精神を病み留年して、わたしの学年にさがってきた人でした。その死に「あの人は生きていても仕方がない」と言った仲間がいました。生きていく価値がない、というのです。あなたはどう考えますか。子どもと一緒に考えてみましょう。生きていくのに価値が必要なら、その価値はだれが判断し、だれが価値の有無の線引きをするのでしょうか。

いい子だから、勉強ができるから、かわいいから、健康だから、障害がないから、きわだった能力があるから、価値があるのでしょうか。相対的な付加価値はいくらでも後付けできますが、それは自尊感情の根っこにはなりえません。比較の相手が変われば評価なども変わるし、変化するのが生きていくということですから、あやういものです。病があろうと、障害があろうと、それがあなたという存在で個性。その意味ではだれひとり同じ人はいないのです。みんなちがう、でも同じいのちを生きている。そしてそれをしっかりと受けとめてくれる大人がいる、それが自尊感情を育てるのです。

親と子という不思議なご縁

「なぜいのちは大切なの？」と聞いてくる子どもがいます。「いのちとはなにか」が分かっていないと、なぜ大切なのか、どうしたら大切にすることになるのかが分かりません。

よくある答えをあげてみます。「あなたは、数億もつくられている精子のうちのたった一匹ががんばって卵にたどり着いてできたの。すごいでしょ」「あなたは、お父さんとお母さんが、愛しあってできた子なの、大切に決まっているでしょ」「あなたを生むとき、お母さん、それはたいへんだったけど、あなたもがんばって生まれてきてくれたの、だからとっても大切」……数億分の一の確率の結実、愛情とがんばりのたまもの。これはこれで感動的なストーリーでしょうが、ここには落とし穴があります。

考えてみましょう。同じ親から生まれても同じ子はひとりもいません。ちがうということは比較をするとキリがない、ということでもあります。たとえば、「○○ちゃんが弱いのはがんばりが足りなかったから？　それとも精子が弱かったから？　親の愛情が足りなかったから？」と聞かれたらどうしましょう。「望んでいなかったけど仕方なく生んだ」という親もいるでしょう。

だからといって、その子のいのちが望んだ子よりも大切でないという話にはなりません。

確率とか愛情、がんばりなどの理由付け(説明)をしてしまうと、「ちがい」の説明に使われかねません。それが差別につながったりします。どのような状態で生まれてこようとも、どのような環境で育とうとも、個々のいのちの大切さとは無関係なのです。いのちのかけがえのなさは、理屈や理由をはねつけるのです。自分はかけがえのない「いのち」を生きている。これが自尊感情の根になります。自分を大事に愛しむ、つまり思いやることができます。そして自分と他人はちがうけれども、他人も自分と同じいのちの存在だと理解することで、自分を思いやる想像力が他人にもおよぶことになるのではないでしょうか。

子は親の産物ではありません。「できちゃった」ではなく「さずかった」という素晴らしい表現が日本語にはあります。親と子とは、たまたまのご縁で「親と子」という関係をさずかった、と考えたらどうでしょう。子は親に「子」にしてもらい、親は子に「親」にしてもらう、そういうご縁をいただいた、それぞれの「いのち」です。

生きること、死ぬこと、いかに生きるのか

金魚や小鳥を飼ったり、花や苗を育てたり、いのちの営みにむきあいながら子どもはいのちの秘密を探ろうとします。ある日、飼っていた金魚が腹をみせて浮かんでいる。トンボをつめこんだ虫かごを放置していたらみなひからびてしまった。仲間たちといのちの探求をする子どもにとって、いのちと同じように不思議で、しかもこわいのが、死です。

小学校五年生のとき祖父が自宅で亡くなり、動かず生き返らぬ死体というものをはじめて見ました。「人はみな死ぬ」と理解したとき、頭にすぐ浮かんだのは「親が死んだらまずい！」でした。自分を受けとめ育ててくれている親という存在は、自分が生きていくうえではまだまだ絶対に必要だと直感したからです。そして仏壇に手をあわせ「親のいのちがあぶなくなったら、わたしのいのちを半分使ってください」とお祈りをしたものです。いつの間にかやめてしまったのですが、当時は親の死の方が自分の死よりこわかった。

死は死ぬまでこわい。そして自分の死は経験できない。経験者(死者)に問いかけることもできない。この不条理にたえられず「とりあえずまだ死なないだろう」と決めて考えないようにして生きている。でも、生きてきてよかった、満足だという思いで死にたい。ではどうしたら「生きてきてよかった」となるのだろうか……。ここから「なぜ生きるのか」「いかに生きるのか」「いかに生きたいのか」という問いがはじまります。生きるとは、いのちとは、死とは、これらの問いは「いかに生きるのか」につながっていきます。これこそ生きている本人、ひとりひとりの生きる課題です。自分で考え、自分で探り、自分で道をつけてゆくことです。その土台として必要なのが、かけがえのないいのちを生きているという自尊感情です。

大人は「あなたのためだから」という理由で、こうすべし、ああせよ、と言いすぎてはいないでしょうか。男だから女だからとかも言ってしまいそうです。いのちに性別はないのに、性別は社会的意味をもつので、つい余計な口をはさみたくなる。わすれてはいけないのは、大人の役割は子どもが自分で考え行動するのを促すことであり、自尊感情の根にどんどん水をやることです。

第2章　からだはすごい教科書だ――からだについて

からだといのちのつながり

小学生になると受精のビデオを見たり、子宮の中で胎児が成長してゆく図を見たりします。芥子粒《けしつぶ》より小さい卵から人間のからだになってゆきます。「なんで最初は魚みたいなの?」「ミニチュア人体が卵の中にあって、それが大きくなるわけではないの?」「胎児は液体の中にいてなぜおぼれないの?」。すごく不思議です。「そういうものなの!」では思考ストップです。

指は細胞が分裂して増えて生《は》えてくるのではなくて、指と指の間の細胞が死ぬことで指になる。細胞の生と死がからだをつくってゆく。胎児の発達プロセスは、水がいのちをはぐくみ、生と死が複雑なシステムで連携しながらからだを形成してくれることを示しています。自分のからだの形成そのものが数十億年といういのちの営みを超ハイスピードで再生するようなプロセスを経るわけです。なにやらすごいことです。

あなたは父と母がいて存在する、その母にはまた父と母がいて、祖父にはまた父と母がいて……とよくいわれますが、胎児の発達は人のいのちのつながりをはるかに超えたスケールの営みを示しています。そして無事生まれてきたのが「あなた」であり「わたし」。骨格、筋肉、神経、血管のつながり、臓器の種類と位置、とても巧妙なシステムをだれもがもっている。だから、人としてのからだのしくみは基本的にだれもが同じです。

見た目は微妙にちがいますね。大きい小さい、長い短い、太い細い、重い軽い……これまた比べりゃキリがないという話ですが、それはあなたとわたしの遺伝子のくみあわせがちがうからです。同じ親から生まれてもちがいます。ですから、からだはそもそも個性だといえます。あなたのからだは世界に一つ、です。

「でも、ふたごは見わけがつかないよ、どうして?」。そうですね。受精卵がふたつに割れたという一卵性のふたごは遺伝子セットが同じです。だからからだつきはとても似ている。外見で見わけはつきにくい。でも人格はちがいます。そこがまた人間の魅力です。遺伝子だけが「あなた」をつくるわけではない、ということです。

性器はちがえども、男の子にも乳首がある

からだのしくみは基本的にだれもが同じ、でも、「女の子にはチンチンがないの?」「女の子はどこからおしっこがでるの?」。どうやらパンツの中身がちがうようだ、どうなっているのだろう——覗《のぞ》いて確かめないと気がすまない子もいれば、まったく気にならない子もいて、それこそ十人十色です。スカートめくりやチンチンいじりにふける男の子がいても、じきに飽きます。この子の性欲が異常なのではないかなどと悩む必要はありません。ちがうと聞いたら確かめたくなるのはあたりまえな好奇心ですし、無関心だっておかしくない。

子どもがからだのちがいをはじめて意識する(させられる)のは性器のちがいでしょう。それは

自然な好奇心ですが、気をつけたいのは「からだがちがうのだから別な存在」と拡大解釈をしてしまうこと、大人が「(チンチンのある)男の子なのだから泣くな」というように、からだのちがいを切り札にしてしまうことです。目に見えるちがいですから具体的で分かりやすくて便利なのですが、性についての誤解のはじまりになりかねません。

じつは性器のしくみはもともと同じなのです。妊娠八週以内では性器に性別はありません。内性器も外性器も同じしくみです。この性器がそのまま発達すると卵巣、卵管、子宮、膣などの女性器ができます。それではみな女児になってしまうので発達の途中で卵巣になるものが精巣になり、女児ではクリトリスになる部分が大きくなってペニスになり、割れ目が縫い合わさって袋をつくり、男児の性器ができあがります。割れ目が縫い合わさると、中にあったおしっこの出口がふさがれてしまうので、ペニスの先にとおします。思春期になると精液もペニスから出るので、「オシッコとまじっちゃうの?」と不安になる子もいるでしょう。だいじょうぶ、管は一本でも尿と精液はまじらずにそれぞれが出てくるしくみになっています。

からだのつくりは性器でいえばみなメス型で、オス型はメス型の変形ともいえます。これを性分化といいますが、詳しく理解する必要はありません。「もともとは同じしくみだよ、見た目はちがうけど」でいいのです。その分かりやすい証拠のひとつは「男の子にも乳首があること」。授乳できない男性にとって乳首はなぜあるのでしょうね。役にたたないようだけれど、赤ちゃんに吸われたら気持ちいい、という神経はちゃんとある。授乳OKのしくみは残したまま、授乳のチャンスを奪われたとでもいうような。つまり男子の乳首は、からだ(性器)は本来メス路線の仕様だ、ということを示しています。すごい教科書ですね。

なぜペニスはときどきたつのか?

「なぜ男の人と女の人がいるの?」

こう聞かれたらつまってしまいそうです。「仲良くして子どもを生むためよ」と言って「仲良くするってなに」とつっこまれたらどうしよう。「そのうち分かる」と逃げたくなる。

動物にもオスとメスがいます。花にもおしべとめしべがあります。オスとメスのいない生物は自分が分裂して増えてゆきます。自分が分裂するということは、自分の遺伝子セットがそのまま分裂して増えてゆくことです。遺伝子セットは変わりません。すると環境が激変したりして対応できないとそのまま全滅になります。メスとオスがいて子どもをつくるということは、遺伝子をまぜあわせて、多様な遺伝子セットを準備し、環境の変化にも対応できるくみあわせを用意し、絶滅をまぬかれるという、いのちの営みの壮大な知恵のはたらきなのです。

オスとメスで増えてゆくことを両性生殖といいます。この場合、卵に精子が合体する(受精する)必要があります。海中にいる魚ではメスが卵を海中に出して、そこにオスが精子をふりかけることで受精させます。花では風や虫の力を借りてめしべに花粉を運んでもらったりしていますね。人間の卵は女性のおなかの中にあるままです。女性のからだの中の卵に男性の精子を届けるにはどうしたらいいのか。子どもと一緒に考えてみましょう。

精子は空気中では生きていけないとしたら、女性のからだの中の卵に精子をとどけるパイプが必要だということになりませんか。

そう、それがペニスです。パイプ役をしないときは、小さく邪魔にならないようになっています。ときどき大きくなってたったりするのは大人になってパイプ役をするための準備運動です。女性は誕生の前から卵の元をもっていて、思春期になるとひとつずつ大きくなります。思春期に新たにつくられるわけではありません。年齢とともに卵も年をとっていきます。精子は思春期に大量生産され、受精しなければどんどん体内で吸収されていきます。

「自然の」からだと「自分の」こころの微妙な関係

からだのつくりの基本仕様は同じでも姿はみなちがう、それこそ個性、そして死ぬまで自分とともにある。たしかに自分のものといえるのは、このからだしかないともいえますが、これがまた自分でコントロールできたりできなかったりするのが不思議です。

物をとろうと思って手を伸ばす。食べようとして箸《はし》をとる。移動しようとして歩く、走る。自分の意のままに手足は動かせるように思える。でも起きていたいのに眠くなる、ゲームの最中にトイレに行きたくなる。自分を無視してからだは自己主張してくる。不思議なことはもっとある。「昼間は目をつぶればなにも見えないのに、夜に眠っているとなぜカラーの夢をみられるの？」

夢は潜在意識の反映だとかいわれると、潜在意識がからだを動かしているのだろうか。潜在意識は意識されない意識？　それってどういうこと？　臓器移植について知れば、からだは部品の集合した機械であり、壊れた部品は取り換えればいいと思う子もいるでしょう。けれど、夢ひとつとっても、からだは人間がつくって操作できる精巧な機械などとはレベルのちがうシステムであることがわかるでしょう。

「iPS細胞(人工多能性幹細胞)からどんな細胞でもつくれるのなら人間のからだもつくれるの?」。わたしたちのからだは二〇〇種類以上六〇兆もの細胞からできているそうです。一つの受精卵からこうなるのですが、その中に幹細胞というものがあり、これは母細胞ともいわれ、さまざまな細胞に分化することができ、分裂して増えることもできます。iPSはすでに皮膚などに成長した体細胞に遺伝子を組み入れて人工的に幹細胞という初期状態に戻すという画期的なものです。人間の技術は大いなる可能性を開いてくれていますが、じつはそもそもの細胞はつくれません。すでにある細胞の力を活用して再生医療などに利用しているわけです。細胞もからだもいってみれば自然のもので人工ではありません。

からだのある機能が停止すると他の機能がこれを補ったりします。からだは各部分が機能しているだけでなく、補助しあい助けあいながら、いのちの営みを支えているのです。まるで生きるお手本のようです。

では、こころはどうでしょう。これこそ「自分の」こころです。自然のからだと自分のこころはどうなっているのでしょう。「こころってどこにあるの?」。意識をつかさどるのは脳だから、こころも脳にある?　嬉しかったり悲しかったり悩んだり……こころというより気分や気持ちといったらいいでしょうか。この「気」は重要ですね。「気合いを入れろ!」と言われるとからだがシャンとする。「気持ちを込めろ」となると動作や表情がちがってくる。

気が沈むと顔色もさえない。気がたかぶると紅潮します。気とからだとはなにやら密に関係しているようです。日本では昔から「病は気から」といいます。気が落ちこむと免疫がさがり病を引き起こしやすくなるということです。最近の研究では、「笑い」は免疫の力をあげることが分かりました。免疫という働きもまたからだのもつ不思議な力で、免疫は脳とはべつに「自己」を認識し、「自己」以外のものがからだに入ってくると「非自己」と識別して、たたかうのです。だから臓器移殖はだれのものでもいいというわけではなく、免疫を抑制しながら慎重にすすめなければなりません。なにしろ「非自己」を移殖するのですから。患者の細胞からつくるｉＰＳ細胞による細胞組織は「自己」の移殖になるので画期的なのです。

ところで、このからだに備わった免疫が「非自己」をすんなりと受け入れるどころか育ててしまう場合があります。それが妊娠です。母親と胎児をつなぐ胎盤で免疫の非自己排除機能は一時休止する、そのようにあらかじめセットされている。このしくみには脱帽です。

からだと上手につきあおう

「息子に熱があったので寝かせていると、性器いじりをやめようとしません。やめさせるにはどうしたらいいでしょう」

こんな相談を受けたことがあります。ほうっておきましょう。彼は、たまたまいじると気持ちがいい部位を発見しただけです。「なにやらおもしろい、不思議だな」というような感じでしょうか。女の子も同じ発見をします。

ところで、大人は、からだのなかで性器のあたりだけ「あそこ」とか言っていませんか。からだの部位にはみな名前があり、それを教えるけど、性器のあたりはなんとなくごまかす。文部科学省は性器の名前(この場合ペニスとワギナですが)を使うな、というわけの分からないことを言っています。なんと言っていいやらとまどう大人もいるでしょうが、「性器」でもいいし、家庭では自分がもっとも抵抗なく使える言葉でいいのです。「科学的名称を使わねばならぬ」というわけではありません。大切なものには人形でも金魚でも名前をつけるでしょう。「あそこ」ではかわいそうです。「わが家では男の子の性器はチンチンで女の子の性器はトントン」、でもいいのです。トントンとノックして経血がでてくる。赤ちゃんもでてくる。楽しく安心して語れることが肝要なのです。

ただし、「この言い方は我が家だけだよ」とつけくわえることをおわすれなく。子どもが性器に関心を示すと「やめなさい」「さわるんじゃない」とか関心をそらそうとしませんか。外性器が自分では見えにくい女の子にとってはまさに「あのあたり」でしかなく、よく分からないままだと、大事にするとはどういうことかも分からないのです。

修学旅行で風呂に入れない男子がいる、という話をだいぶ前に聞きました。性器を見せる、見られるのがイヤ、ということのようです。なぜなのか考えてみませんか。入浴は裸があたりまえですが、人間は家族という密な関係か、ヌーディストクラブのような裸前提の集団の中くらいしか裸にはなりません。体毛が退化した人間は衣服でからだを覆います。保護のためです。性器のあたりはとりわけ攻撃に弱いので常に保護します。裸で勝負の相撲の力士が土俵で身に着けるのはまわしだけですね。保護はからだへのケアですが、恥ずかしいから隠す、隠さねばならないから隠す、というのはケアではなくて文化です。性につながるものは「密《ひそ》やかなもの」で「人前では隠す」「特別な場合だけ開示する」というのは性の文化です。友達と裸で風呂に入れない子どもは、このことを強くインプットされたのでしょうか。でも、からだの衛生とはきりはなす冷静さがほしい。

からだは精巧かつ絶妙なシステムですが、生きているということは病気やけがや故障がつきものです。呼吸をしていれば呼吸器感染もおこりうる。絶対嫌なら呼吸をとめれば呼吸器感染はおこらない。でもそれでは死んでしまう。だから予防をするわけです。性器だって同じこと。性的つきあいがはじまれば感染もおこりうる。性行為をしなければかなり防げます。だから死ぬまで性行為をしない、というのはひとつの選択です。これで死ぬことはありません。でも、ともに生きる人をみつけたい、よりそいたいという欲求を大事にしたいのなら、性の健康管理（性被害や感染の予防、避妊など）も大切です。でもなぜかこの情報は入手しにくい。これは、子どもにとって大いに迷惑なのではないでしょうか。

第3章　ゆれうごく思春期——からだの悩み、こころの悩み

男も女も親になれる力がつくけれど

からだが十分に発達してくると脳からの指令によって女の子は月経がはじまり、卵が成熟します。男の子は精子をつくるようになり、精通があります。これを第二次性徴といい、小学校で教えます。第二次性徴で思春期がはじまります。月経を「生理」ともいいますが、病理ではなく生理なのだ、ということです。月経はホルモンのリズムによっておこります。このリズムは思春期にはじまり更年期におわるのですが、この生理的変化にからだがなれるのに、とても時間がかかったり困難をともなう人もいます。男性は性分化のプロセスでこのリズムのしくみが消されるのですが、最近、男性の更年期障害も指摘されてきましたね。

第二次性徴でぜひおさえておきたいのは、月経も精通も同じ意味をもつということ、つまり、男女ともに親になる力が無事に身についた、ということです。ですが、月経は母親になる準備だと説明しても、精通を父親になる準備だとはいいません。少し前までは、大量に精子がたまると性欲を感じて排出する（だからマスタベーションはつきもの）、という精子性欲説がありました。こうなると精子のない女子は性欲とは無縁になり、男子と女子は性的に別物となってしまいます。現在ではもちろん精子性欲説は否定されていますが、思春期には「男は男らしく、女は女らしく、

からだが変わる」だけでなく「男子と女子は性の心理や行動がちがう」と教科書に書いてあります。しかし、じつは男女ともに等しく親になる力がつくわけで、力がついたからといって親になっていいというものではないこと、「親になれることと親になることは別だ」と考えること、親になることは自分と相手の生き方や責任とストレートにむすびつくのだと想像することが、男女ともに重要なのではないでしょうか。男女の性のちがいばかりが強調されると、そのように考えるチャンスになりにくいようです。

中学校や高校で性の話をするときに、事前にアンケートをとると「男女のちがいを知りたい」という意見が上位にきます。ちがうといわれているけれど、具体的にどうちがうのか、ちがうならばどうすればいいのか、気になりますね。「性別によるちがいではなく、個人差の方が大きい。だから相手に気持ちを聞く、自分の気持ちを伝えることが一番大事。男だから女だから〇〇だろうという思いこみはとっぱらおう」と言うと納得してくれます。

「女は受け身の性、男は攻撃の性」などと言われると男女は対極にあるような印象を受けます。たしかに妊娠は子宮がないとできませんが、それと性の心理や行動は別です。けれど対極の存在となると男の性は女には分からない、女の性は男には分からない、ということになりかねません。これはじつにもったいない。基本は同じ、だからこそ理解はできるはず。基本は同じでもそれぞれみなちがうから、コミュニケーションで伝えあうことこそ大事、という発想が育ちにくくなります。「ちがいを理解して仲良くしよう」と言われても難しすぎます。「ちがいはあるが基本は同じだから仲良くできるはず」、これなら子どももピンとくるのではないでしょうか。

子どもにとって目に見えるからだの変化はとても気になります。たいていの子は自分のからだの変化に悩み、他人をうらやみ、自分は遅れていると不安になったりします。性器や乳房が大きくても小さくても悩みの種になり、色や形状が異常ではないかと心配したりします。だれにも相談できません。思春期には性やからだのことでからかわれ、自分を嫌いになってしまうこともあるでしょう。「あなただけの、あなたらしいからだつきになっていくのだよ、よかったね」というメッセージを伝えたいものです。

思春期のからだの変化で、学校でも家庭でもほとんど触れないことのひとつに、女子の「オリモノ」があります。「あそこ」のまま月経の手当てを教わるだけでは、オリモノの変化に気づきにくいし、気づいても無視するでしょう。「オリモノ」はからだのすてきなサインです。わたしは、オリモノはなにやら不快で無視していたのですが、膣には自浄作用があって不要物を粘液とともに出してくれるから洗わなくてもだいじょうぶ、ということを知ったときには「かっこいい！」と感動し、「なぜ教えてくれないのか」「無視していてごめんなさい」と思ったものです。自分のからだのこと、ちゃんと知っておきたいではありませんか。ふつうは月経のリズムにしたがいオリモノはわずかに変化しますが、感染などで炎症がおきると、オリモノにいつもとちがう色や匂いがついたりします。これは目には見えない膣内の健康状態のシグナルなのです。だから「自分のいつもの状態」を知っていれば、ちがいは「ケアしてほしいというサイン」なのだと気づきます。

男子は性器をいつも見てさわっているから「いつもの状態」は知っていますが、「むけているのか」がとくに気になるようです。だいじょうぶ、時間はかかるけれど、ペニスが大きくなるにつれてむけてくるものです。手術が必要な場合はマレです。ここは同性の親や先生が先輩としてフォローしましょう。

モテる、モテない――モテない自分はイヤ？

思春期には、もうひとつ大事な性のエネルギーに気づきます。これまた男女ともに同じです。「だれかを強烈に好きになる」というエネルギーです。パートナーを求めるエネルギーといってもいいでしょう。理由は分からないのだけれど〇〇ちゃんが気になってしかたなく、そばによるとドキドキする。こんな経験からはじまって、△△さんにこころ奪われ、つきまわさずにはいられないほど「愛してます！」と思いこむ。とにかくこんな気持ちははじめてで、親には秘密、でも親友の□□だけには知らせておこう、できれば手助けしてもらいたい……。このエネルギーに気づく時期や程度には個人差がありますが、たいていの人は思春期に「相手に惹《ひ》かれてコントロールできない自分」をはじめて発見します。これこそ恋？　愛？　あの人に会うために生まれてきたのだ！　生きるのはあの人とともに！　毎日が楽しかったりみじめだったり、あの人しだい。あの人に相手にされないと自分は生きる価値がない、魅力がない、ダメだと落ちこむ。

とつぜん「好きです」と告白される。相手はタイプでなくてもイヤな気はしません。「自分は好かれている」と思えるから。好きな相手からの告白なら人生バラ色。とにかく仲間から自分はどう思われているか、好かれているか、嫌われていないか、モテるかモテないか、このことが大きな意味をもってきます。男として女としてどうなのよ、という値踏みをされるような気もする。そのため、女の性とは、男の性とは、などの情報にとびつきます。かっこいいとされるファッションがあっというまに流行し、めまぐるしく変わったりします。

中学校で性の話をしたときの感想文で驚いたことがあります。中学二年生の女子で「キスもセックスも早い方がかっこいいと思ってきたけど、自分の気持ちの方を大事にすればいいんですね。よかった!」。性経験のない大学生男子のコメントのはじまりはたいてい「恥ずかしながら自分はまだですが……」。思春期で性のエネルギーが身についてくると、性すなわち性行為と錯覚しやすいようです。性行為の経験が大人の条件、性行為が愛のあかし? マスタベーションはともかく性行為は相手が必要です。相手が必要とは相手の同意が必要ということです。自分の思いだけでなく相手の気持ちも尊重する、このトレーニングでもあります。ここで邪魔をするのは「女の性はこう、男の性はこう」という思いこみです。「個別の相手」ではなく「男」「女」におきかえてしまうと個人どうしのコミュニケーションは不要となり、たいていうまくいきません。

大人は自分の思春期を思いだしてください。つらい思い出や失敗談がけっこうあるのではないでしょうか。思春期には「初恋がかなわぬと人生おわり」となりかねません。「相手の同意が必要だということは、うまくいかないことの方が多い、けど人生すてたものじゃないのだよ」、これは先輩だからこそできるアドバイスです。必要なのは「どんなことがあっても、あなたを抱きとめてあげるよ」という大人の存在です。「あせるな、じっくりやってみよう」というアドバイスでもいい。大人は「男(女)のこころは分からない」と逃げないこと。分からなくて当然です。

男のこころ、女のこころなどそもそもないからです。

一〇歳までにすりこまれる性の思いこみ

とはいえ「女ってこうだよね」「男ってそうでしょ」、こんな言い方が突然増えてくるのが思春期。さあチャンス到来。「どうしてそう思うの？」「わたしはちがうけど」「あなたは男(女)だけど、そう言われてどう思う？」。数人で話せばみなちがい、性別ではくくれないことがじきに分かります。「思春期の男子の頭の中はセックスでいっぱい」と昔からいわれてきましたが、思春期の男子の性的関心とマスタベーション経験率が低下しているという調査もあります。男子校で性の話をした後、数人の生徒がよってきて「セックスは若いときの特権で、楽しめるのは今だけじゃん」と言われたことがあります。「そう思うの？　でもね、性とは一生のつきあいで、セックスも奥深くて年齢は関係ない。信頼できる相手とは楽しみも工夫できるし、〝賞味期限〟はないのと同じよ」と言ったら「へー、そうなの！」。若者は「性欲のかたまり」だが老人は「枯れている」というように性のイメージは固定されがちですが、性は性器や行為をこえて生きていることとつながっているので、性別や世代ではくくれません。性はふたりの間をつなげるものでもあるので、性と不可分なのは性別や世代ではなく「関係」だということもできるでしょう。

中学生、高校生が聞きたい項目には、前にあげた「男と女のちがい」の他に「異性とのつきあい方」がでてきます。「つきあいマニュアル」は残念ながらない。つきあうとはふたりで積み上げるプロセスであって、ああすればこうなるとはいかないもの」と言うと、「そのとおり」という生徒のコメントがかえってきたりします。難しいことではありません。同性の仲間を見てみれば自分と同じ人はひとりもいなくて、性についての興味や気持ちも千差万別ということは分かります。このことを異性にも想像すればいいわけです。けれども「男女の性はとにかく別物」とすりこまれてしまうと、せっかくの想像力にストップがかかる。これは思考停止につながります。

性についての「思いこみ」は性行為や性欲にかかわることだけではありません。わたしは一〇歳のときに男子の級友から「女は勉強しても無駄」「科学は男の世界」「掃除は女子の仕事」といわれて仰天し、「なぜだ?」と問い詰めても「だって女だから」という答えしかなく、担任の先生に訴えました。担任の先生は男性でしたが、男子の言い分は根拠がないよと言ってくれ、その場はおさまりました。でもこの「女だから」は、いってみれば未知との遭遇、無邪気にともに遊んでいた男子が急に遠くにとんでいった気分。男子がふたたび同じ人間としてとなりにもどってくるまでに二〇年もかかってしまいました。

あれから五〇年、「掃除は女子」「科学は男」などという思いこみはさすがに色あせたと思います。性別役割は流動化し、多様なモデルが登場してきました。かつての男の職場で働く女性、女の職場で働く男性を撮影してカレンダーをつくり教材にしている先生もいます。「百聞は一見にしかず」ですね。

子どもといっしょにやってみよう、メディア・チェック

学校教育では「メディアリテラシー」が注目されてきました。メディアからの情報をそのまま

鵜呑《うの》みにするのではなく、ほんとうにそうなのかを検証し、なぜそのように報道されるのかにも踏みこみ、自分で考え判断することを促すためです。メディアのツールが激増し、情報がふんだんに入手できる現在、メディアを読み解く力はとても重要ですね。子どもたちのもつ性情報、性知識はメディアからの影響がもっとも大きいという調査結果もあります。いい換えるとメディアには性の情報があふれているので、ふんだんに教材があるといえるでしょう

　身近なメディアが発信している情報を利用して子どもたちと考えてみましょう。ランドセルのＣＭでなぜ男子は黒、女子は赤のランドセルを背負っているの？　新車の発表会、新車の横に美女がつきものなのはなぜ？　人気漫画にでてくるカップルのセリフ、男と女のちがいをチェックしてみよう。なぜそうなるのだろう？　子どもたちが自分ならこう言いたいというセリフをいれてみるとじつに多様でおもしろいのです。集団でこのような学習をすると、男と女について特定のイメージがまずあることに気づきます。そのイメージに近い子もいれば遠い子もいて、近いからいいということではない、生身の人間の魅力とは別ということにも気づくでしょう。ではなぜ特定のイメージが提供されるのか、作り手がそのイメージを大事にしているから？　そのイメージなら多くの人に受けいれられると思うから？　スポンサーにそうしろと言われたから？　ＣＭ制作スタッフをゲスト講師によんで話が盛り上がったクラスもあります。

　青の上履きを買いに行った女子が「女子は赤に決まっている」と店主に言われたことをきっかけにクラスで話しあい、好きな色を売ってくれと店主に交渉し、店の方針を変えた子どもたちもいます。

メディアで大宣伝の安売り商品、どこでだれがつくっているのかを考えると、貧しい国の女性と子どもの労働実態にたどりつきます。女子労働はなぜ安いのか。日本では、同じ事故で死んでも男と女の被害者への損害賠償額、いわゆる「いのちの値段」がちがうというしくみも見えてきます。大人は教えるのではなく、疑問を引きだして一緒に考える役割でいいのです。

家庭で子どもと見るテレビ、子どもと一緒に考えるヒントの宝庫ですね。子どもが大好きな番組をたまには一緒に見てみましょう。登場キャラクターについてのコメントを子どもとだしあったり、「自分ならこうする」案をだしあったり、次回の展開を自作してみたりできます。テレビ番組は楽しく活用できる教材です。ラブストーリーの性的シーンになると、大人がまごつきあわててチャンネルを変えたりしがちです。子どもが関心を示したら「どう思う？」でいいし、「自分はこうできないけどドラマならこうなるのか」と感想をふってもいい。「大人はいやらしい！」という反応があれば、「いやらしいって誰かに言われたの？」とか聞いてみる。まずは子どもの気持ちを受けとめましょう。そのうえで、それはなぜかを考え、その気持ちは変わるかもしれない、というところまで想像できるようになれば柔軟な発想と思考力だといえるでしょう。

自分だけがみんなとちがう⁉

思春期は性的存在である自分にあらためてであう時期です。社会的に自分は男であるとか女であることを意識します。そんなとき、「自分は他のみんなとはちがう！」と気づかされる子もいます。その結果、「自分がおかしいのではないか」「こんなことはたったひとり、自分だけにちがいない」と悩んでしまう。この悩みは誰にも言えないし、みんなとのちがいを気づかれないようにふるまうことで精いっぱいになりかねません。

　思春期は「異性が気になる」と教科書に書いてあります。となると同性が気になるのは「変だ」となります。日本の調査によると、男性と性的関係の経験がある男性は四％だそうです。一〇〇人の男子がいれば四人はそうだ、となります。女性のデータはありませんが、女性の同性愛ももちろんあります。しかし、学校や家庭では異性愛が前提です。男性同性愛をさす「おかま」「ホモ」は男っぽくない（「女みたいな」）男子への蔑称で使われ、いじめの対象になったりします。自分が同性を好きかもしれないということに気づく思春期に、同性愛については一切の情報がなかったか、否定や揶揄《やゆ》でしか語られなかったという調査結果もあり、このことがゲイの自尊感情の低さにつながるという研究者もいます。存在が受容されていない環境で自分を受けいれていくのは容易ではありません。

　同性愛の理解と受容というと、「学校で同性愛を教えるのか」と問われます。同性愛の原因や歴史を教えろというのではありません。原因は分かりません。なぜ異性が好きになるのかについても科学が解明しているわけではありません。気づいたらそうだった、としかいいようのないことなのです。要は、「あなたはあなたでいい」という基本メッセージが、だれにも相談できない子どもに伝わるかどうか、です。伝えることは難しくはありません。「理屈は分からないけれど、そういう人もあたりまえにいて、それでいいのだ」ということを、大人が理解して腑《ふ》に落ちているかどうかです。腑に落ちていれば言葉がちがってきます。

学校で「異性が気になる時期」と言うとき、「そうじゃない子もいるけど、それでいいのだよ」と自然につけくわえることができます。この一言で、「自分はいてもいいのだ」と伝わります。性の教育でなくてもどこでもできます。思春期の子どもの語りには性的メッセージがいっぱいです。「あいつホモだ」と言う子どもがいたら、「それはあなたが決めることかな？　とてもバカにした言い方に聞こえたけど、それって差別になるよ」とまずは注意しましょう。「だっておかしいや」「変だよ」とかえってきたら、「異性が好きな人もいれば、同性が好きな人もいる。同性好きの方が少ないけど、少ないから変だというのこそ変ではないかな」とつなげればいい。「でも普通じゃないよ」ときたら「普通ってなんだろう、考えてみよう」です。

家庭ではどうでしょう。テレビでは「おねえキャラ」が登場します。おねえキャラも視聴者受けの偏ったイメージで、同性愛に気づいて密かに悩む男子のロールモデルにはなりにくいものです。「あのキャラは自分じゃない。イヤだ！」と悩みが深くなる子もいるでしょう。ここでも柔軟な想像力が有効です。「異性を好きな人は十人十色、ならば同性が好きでも十人十色じゃないかな？」と考える。

親であれば「わが子は同性愛かも」とは想像しにくいでしょう。異性愛でさずかった子どもですから。そこでわが子の同性愛にでくわすと、とくに母親は「自分の育て方の責任ではないか」と自分の問題に置き換えて、子どもの受容を手放してしまう場合があります。しかし、このことは育て方とはまったく無関係です。親の責任ではありません。まずそこをしかと理解して、生まれてきたときのようにわが子を抱きとめましょう。

もうひとつ、思春期に気づく葛藤に「自分は男(女)とされているけど、じつはちがうのではないか」というアイデンティティの問題があります。人間は性別でわけられていて、自分はこっちのグループらしいということは物心ついたときから理解しますが、自分のグループに最初から違和感をもつ場合もあります。思春期になるとホルモンのはたらきでからだが変化しますが、それが違和感を確認させる引き金になります。ペニスが大きくなったり乳房がふくらむと自分ではないからだをつきつけられ、それがたまらない。学校生活では男女別の名簿、制服、更衣、トイレなどすべてが適応困難になりかねません。文部科学省もこのような葛藤を抱える子どもへの配慮をするように指示しています。ここで重要なのは「特別な配慮が必要な子どもを見つけて特別扱いする」ことではありません。性別は生まれたときの性器を見て大人が指定するけれど、性器が人の生き方を決定するわけではありません。自分は性的になにものなのかというアイデンティティは、性器だけで決まるわけではない、ということを理解しましょう。

生まれたときに指定された性別に違和感があり、手術で外性器をつくり変える場合は、日本では性同一性障害(ＧＩＤ)という診断名で手術がおこなわれ、戸籍の性別変更も可能になりました。とはいえ、違和感はあるが手術をして性別を再指定することまでは必要ではない、性別にこだわるよりも性別をのりこえる存在でいいではないかという人たちもいます。ＧＩＤも含めて指定された性別になじめない人たちをトランスジェンダーといいます。

三〇年も前ですが、わたしはアメリカのインタビュー番組に登場したある人にくぎづけになりました。名前はトビー、とてもきゃしゃな人でした。この人には卵巣も精巣もありません(性腺未発達)。高校までは女子として生活しましたが「なじめない」。大学から男子になりましたが、やはりしっくりこない。その結果「性別でわけることそのものをやめてほしい」と訴えていました。「あなたの性別を知る方法はある」と言った専門家へ、トビーはこう回答したのです。

「いいたいことはもちろん分かります。性染色体を調べればいいというのでしょう。でもそれが自分にどういう意味があるのですか。生まれつき眼球のない人がいたとして、DNAを調べれば、あったはずのあなたの眼球の色は茶か黒か分かる、といわれてどうなるというのですか？それと同じでしょう」

わたしはこの発言をわすれられません。人間は性的にも多様に存在します。同性愛、両性愛、トランスジェンダー、インターセックス(誕生時に性別判定が困難)などを性的少数派といったりします。ここで重要なのは、人間を多数派や少数派というカテゴリーにわけ、少数派をさらに分類して命名していくことではありません。多様な存在は自然に生まれてくるのだということを理解して、同じカテゴリーにいてもみなちがうことを肝に銘じておくことです。女だから男だからというのと同じように、同性愛だからGIDだから別存在、ということではありません。グループに名前をつけて区別はするが、そのことはグループのメンバーを理解することにはつながりません。メンバーはひとりひとりちがうのです。性は個人と不可分なのであり、集団に属するものではないのです。「性器は両脚の間にあるが、性は両耳の間(脳)にある」といいますが、この言葉を理解していれば「いろいろな性的存在があり、それぞれが生きやすい環境が大切」と考えられ、それが「自分も生きやすい環境につながるのだ」と想像することができるでしょう。

第4章　こんなときどうする？——大人にしてほしい対応

「ある日突然」のできごと

小学生のとき満員電車で突然、だれかの指がスカートの中でもぞもぞと動きました。ビックリで声もでません。すぐに指はひっこみましたが、いったいあの指はなんなのか。「スカートの中を触ってきた男の人がいるよ」、ようやくすいてきた電車で母の手につかまり黙っていられずに言いました。母はあわてず騒がず「(あなたは)だいじょうぶ。世の中にはそういう変なことをする男性もいるのだけど、男の人がみんなそういうわけじゃないのよ」と言いました。詳しくは覚えていませんが、私は母のこの言葉でその初体験をやりすごせました。なぜなら「自分は悪くはない(自分のせいではない)」し「あの変な行為は男の習性というわけではない」が、「変な男にあってしまうこともあるのだ」と理解したからです。

それだけで当時は十分でした。母が性的意味合いをつけずに受けとめてくれたこと、「よそのおじさんは危険」というすりこみをしなかったことがよかったと思うのです。痴漢という言葉を知ったのは中学生になってからで、電車通学の高校時代には頻繁に痴漢にあいました。露出にあったのも高校時代、「いいかげんにしてくれ」と無視をきめこみました。痴漢の手をつかまえて「だれの！」と叫んだ女子高校生が報道されたとき「なんと勇敢な！」と感心し、今度こそ痴漢の手をつかもうと意を決した頃には、もう痴漢にはあいませんでした。

日本の女子のほとんどは痴漢に遭遇しています。性的関心などまだない頃から、自分は「見られる」「触られる」対象であるということをつきつけられるわけですが、ここで問題となるのは、被害者の話を「いやらしい！」とか「汚い」などと切り捨てる、「女として見られたね」などと揶揄する、「男ってそういうもの」と決めつけて男一般にすりかえて個々の加害を認めないことなどです。被害は「女という性の必然（仕方がない）」ではないし、加害は「男という性の必然（仕方がない）」でもないのです。男子も被害にあいます。しかし加害が「必然」となると、被害は「男として変、男でない」ということになりかねず、だれにも相談できません。痴漢にあわない女子が「自分は女としての魅力がないのか」と思いこみ悩んだりもします。男性の多くは満員電車でいやでもからだが接触するときに、痴漢とまちがわれないようカバンでカバーしたり両手の位置を変えたりするなど、じつは人知れず苦労もしているのです。痴漢の冤罪《えんざい》もあるので大変です。相手の合意のない盗撮や痴漢行為、露出行為は迷惑で身勝手な「犯罪」です。被害者に必要なのは「あなたの責任ではない」というメッセージと「あなたはそのままでだいじょうぶ」という支えです。加害者に必要なのは処罰というより再犯防止のための性教育でしょう。

レイプは被害者に有無をいわさず襲いかかるとんでもない暴力です。自尊感情が根底からゆらぐでしょう。ダメージが大きすぎて口にできないほどです。もしその事実を伝えられたら、とにもかくにも「言ってくれてありがとう」と抱きとめましょう。「つらかったね、大変だったね、もうだいじょうぶだから」ということをまず伝えましょう。そうして安心して自分を取り戻せる状態になってはじめて、被害からの回復が可能になります。回復の手段や方法について安心して相談が続けられます。ところが、大人が「うそだろう！」と否定したり、「とんでもないこと、だれにも言うな」「お前は傷物だ」などと決めつけると被害者は意を決して言った自分を否定されたとしか思えません。これは実際のレイプの被害より深刻になりかねません。「だれも聞いてくれない、居場所がない」ことになります。レイプは加害者が「見知らぬ他人」ではなく「知人」であることが多いので事態は複雑になります。これは暴力犯罪なのだということをわすれてはいけません。

子どもの部屋から風俗リクルート誌がでてきたけれど……

娘の部屋にカラフルな冊子があり、表紙に「年末年始は稼ぎ時」とあるのでアルバイト情報誌かと思ったら、エステティシャンとかコンパニオンとかいっているけど性的サービスの仕事ばかり。娘は「駅前できれいなお姉さんが配っていた」と言うのですが、「初心者大歓迎、安心、安全、高収入」をうたっていて、娘が密かに働くのではないかと心配です。どうしたらいいのでしょうか――。

このような質問を受けました。子どもの部屋で見つけた「困った雑誌」といえば男子向けのエロ本が定番でしたが、いまや女子向けの風俗バイトの勧誘もさかんなようです。

日本では性風俗の店舗では一八歳未満の従業員は雇えないし、一八歳未満の客は断ることになっていますが、年齢を確認しているとはかぎりません。学習塾と性風俗店が近接する地域もめずらしくなく、性風俗は子どもにとってじつは身近にあります。

考えてみましょう。性風俗と一口にいいますが、どういうことなのでしょう。街で声をかけられてカラオケで性器にさわってお金をもらったら？　風俗店で働かなくても、性はさまざまに取り引きされるものだといえます。風俗店でもバイト経験のある学生が、風俗店の場合だけ「どんなリスクも自己責任とされてしまうことはおかしい」と言います。どんな仕事でも働く人の事情や背景は千差万別です。「○○する人は△△」というようなくくりはできないでしょう。

「こういう仕事どう思う？」と話すところからはじめたらどうでしょう。性風俗で働くなどとんでもない、と思う親は多いでしょう。「他の子はいいが、わが子はダメ」かもしれません。その気持ちはきちんと伝えた方がいいのですが、必ず理由を説明してください。子どもが納得するとはかぎりませんが、親の考え方をちゃんと伝えておくことが重要です。性的サービスとはどういうことか、性的サービスをお金にするとはどういうことか、性的サービスはコンビニの店員より時間給が高いのはなぜか、安心・安全とあるがほんとうにそうなのか、子どもとともに考えたい項目はたくさんありますね。もらった冊子はいい材料です。

「性風俗をどう扱えばいいか」と中学校の先生にも聞かれました。授業では性風俗賛否両論をとりあげてもおもしろいですね。賛成・反対それぞれの論客の意見を整理して「自分はこう考える」という意見をだしあう。先生も「個人的にはこう考えるよ」と参加できる。相対立する意見があるなかで、自分の考えをまとめていくというのは重要なトレーニングです。

子どもがネットでの出会い系のトラブルにまきこまれる事件もよく報道されます。ネットでのコミュニケーションは、相手の表情も声音も態度も分かりません。言葉は書いて消してどのようにもつくりあげることができる。このことをグループで実験してみるといいかもしれません。提供される情報をまずは「うたがってみる」。そしてそこから「考える」というステップのトレーニング環境としてネットを活用してみましょう。

楽しいふたりのはずなのに、なぜ？

「高校生になると、自分にも周りにも変化が起きた。恋愛の話をよくするようになり、性行為を経験している友達も増えてきた。そんななかで、つきあった経験がない自分はかっこわるく、性行為をしたことがある人は大人でかっこいい存在だった。今思うと単なるないものねだりであったと思う。そしてそんな風に思えるようになったのは、本当に好きな人と初体験をすることができたからだ」

これはわたしの授業を受けた大学生の感想文の一部です。彼女は「性感染なら自業自得ではないかと思っていた。しかし、実際に性行為を経験してからは、性行為には相手がいるのだから、自己責任だけではないのだと実感した」とも書いています。性行為は早けりゃいいというものではありません。相手がいるのです。そして相手との関係のなかではトラブルもありえます。そしてトラブルは自分だけで防げることでもない。だからこそ、だれもが偏見や誤解なく互いの性を大切に生きられるようになりたい。

「恋人なし」はモテないダメな人間だというレッテルではないかという恐れから、とにかく

「つきあう」、そんなプレッシャーが思春期には強くなります。はじめてのつきあい、どうしていいのか分からぬまま、自分だけの思いが先行しかねません。

　都立高校の生徒たちが「これからの二人～大切にしたいから～」というＤＶＤ作品をつくりました。二組のカップルが登場します。二組とも何気なく楽しげに会話をつなぎますが、彼女の携帯が鳴ったことをきっかけに二組の様子はまったくちがってきます。自分を無視して返信する彼女に彼が「それ大事なメール？　せっかく僕といるのに無視されると僕に興味がないのかと思うよ」と言い、「えっ、そんなつもりじゃない、すぐ返信しなくちゃいけないと思っただけ、ごめんね」と彼女がかえし、「分かるよ」と彼が答え、前と同じように会話がつながります。一方、他のカップルでは彼がキレて「メールなんかするなよ！」と彼女の携帯をとりあげて勝手に削除、「これはお前のためだからな」とくぎをさし、彼女はシュン。さらに彼は「俺の女なのだから化粧はするな、スカートを短くするな」となり、口答えをした彼女を殴ってしまう。そして「一緒に帰ろう」と彼が彼女のカバンもかかえ、肩を抱き、「さっきはごめんな」と殴ったことを謝る。わずか数分のやりとりです。

　これを見て感心しました。恋人どうしのＤＶ（ドメスティック・バイオレンス）をみごとに描いています。恋人は自分のもの、だから自分の思い通りにしていい、反抗するのは許せないという彼氏と、束縛されるのは愛されているから、反抗するのはよくないこと、殴るけどすぐ謝る彼はほんとうは優しい、だから殴られる自分も悪いと思う彼女。支配・束縛が愛という双方の思いこみ。これを高校生に視聴してもらうとオオウケです。「ＤＶとは殴る蹴るなどの身体的暴力だけじゃない、シカト（無視）やメールの強制削除は態度の暴力、相手を否定するのは言葉の暴力」と説明すると、みなどこかでこころあたりがあるような……。男子は手をあげがちだが、女子はメール削除をしがち、という調査もあります。ふたりの人間が「つきあう」という関係のなかでは、どうしても力関係が生じます。相手への一方的な役割期待もあるでしょう。だからこそコミュニケーションと調整しあうスキルが大事です。

モテなくて悩んでいる子どもには「だいじょうぶ、わたしはあなたを大好きだし、そういう人にきっとであえる」とまずは伝えたいですね。相手がいるようなら「相手のことは相手に聞かなきゃ分からないし、自分のことは自分で言わなきゃ伝わらないものだよ。自分がされたら嫌なことはしないでおこうね」と伝え、「なにかあったらなんでも相談してね」とくわえましょう。つきあいはじめたふたりは、あたりまえながら手探りなのです。失敗はつきもの。それを「あなたたちの責任！」といいきるほど大人は性や関係について必要な情報を提供していません。あるのは性的欲求を刺激する偏った情報ばかりで、男や女への偏見にみちていたりします。

なにがデートDVなのかについては、分かりやすい「チェックリスト」があります。その中で子どもたちがビックリする項目があります。「避妊に協力しない」です。

殴るもシカトも分かるけど、なぜ「避妊に協力しない」ことがDVなのか。とくに思春期の男子にとってはピンとこないかもしれません。ここは想像力が問われます。避妊に協力しないで彼女が望まない妊娠をしたらどうなるのか。中学生や高校生で親になれるのか。では妊娠中絶手術をしますか。手術はなんであれ心身に大きな負担になります。しかも相手との合意ではなく、自ないでしょうか。

分が避妊を拒否した結果、相手に不要かつ多大な負担をかけてしまうことは暴力と同じ、といえ

「脅し教育」は役にたたない

勉強中の子どもでありながら妊娠などとんでもない、という大人の気持ちはよく分かります。わたしもそう思います。ですが、「最初の妊娠を中絶すると不妊になる」とか「中絶は殺人だ」という脅しで妊娠を予防しようとしても、あまり効果はありません。偏差値の高い有名大学で教えている友人が、真冬でも超ミニファッションでいる女子学生に「冷えはからだの大敵だから気をつけよう」と言ったら「遠くの冷えより今の見栄」と切り返されたとか。先のことより今が大事、という率直な意見。先を見とおして行動するのはじつは難しい。先の脅しは効かないだけでなく逆効果でもあります。実際、中絶は絶対イヤだからと出産はしたものの、育てられずに遺棄《いき》することにもなりかねません。万一、中絶を余儀なくされた場合、「殺人」と脅されたことだけがしっかり記憶されていると、「妊娠と中絶という経験から学ぶ」というチャンスに蓋《ふた》をしてしまいかねません。

人間は生きている以上、失敗や事故はつきものです。失敗も事故もまったく無縁という人はいません。とはいえ、望まない妊娠は、予防することもできる。予防は人間だけが発揮できる生きる知恵です。ならばこの知恵を伝授しておくのは先輩の務めではないでしょうか。予防できるのは「かっこいい」というメッセージをつけて。

でも、人間のする予防には完璧はありえません。失敗はつきものです。そこでもうひとつ、先輩である大人が伝えたいのは「失敗は人生のおわりではない」ということではないでしょうか。失敗からも学んでたちなおるのも生きる力です。その力は本来だれにでも備わっていると考えます。それを引きだすのは失敗を受けとめて、失敗者を否定せずに支える仲間や周囲の大人です。失敗者はダメ人間とされてしまうと、自分ひとりでたちなおらなければなりません。これはとても困難です。妊娠させた男子に「この無責任野郎！」と罵声を浴びせるのは簡単です。でも「どうしてこうなったのか考えてみよう」「責任をとるとはどういうことか考えてみよう」「相手の彼女はどういうことになるか考えてみよう」という促しをしてくれる大人も必要です。彼は妊娠・避妊について無知だったかもしれない。ならば学ぶチャンスです。

性の関係には相手がいること、相手を守るとは自分を守るということ、これらを身をもって知るチャンスでもあるのです。そのチャンスをものにできれば、以後の関係が変わるはずです。そのチャンスに蓋をせず、逆に蓋をあけてあげる、それが大人にできることです。妊娠した彼女を「ふしだら」と切り捨てるのも簡単です。でもまずは事実を受けとめ、どうしたいか、どうしたらいいかをともに考えましょう。中絶を選択し、あらためて関係とはなにか、いのちとはなにかを考え、次のよい関係につなげていった女性はたくさんいます。そんな先輩の話を聞くのもいいでしょう。

だから失敗してもいい、ということではもちろんありません。予防できる「失敗」は予防することこそかっこいい責任のある生き方で、自分も相手も守るのだということ、これがキーです。

サポート情報を提供しよう

子どもが深刻な性のトラブルに巻きこまれたら、必要なのは抱きしめて受けとめてくれる仲間や大人、相談にのってくれる大人や専門家です。そしてそこから学び、たちなおるための適切な情報です。さいわい今ではネットでさまざまな情報を検索できます。ＤＶや性被害についての電話相談もあります。

とくに同じような経験をした仲間（ピア）の存在は「自分はひとりではない」ことのあかしです。似たような経験からたちなおった人たちがサポートグループをつくっています。このようなピアによる情報の共有と支えあいはピアカウンセリングともいい、とても有効です。もし、子どもがトラブルをかかえていることに気づいたら、まずは子どもを抱きとめて、子どもの代わりに、あるいは子どもとともに適切なサポート資源を探してみましょう。

学校でも同じです。地域の専門家はだれで、どこにいるのか、信頼できる支援組織はあるのか、その電話番号など、必要情報をそろえておきたいですね。ちなみに紹介したデートＤＶチェックリストは女性ネットSaya-SayaというＮＰＯ法人が作成しているものです。

「あなたになにが起ころうとも、あなたはわたしの大事な人、わたしに必要な人、元気でいてほしい」

このメッセージがすみやかに伝わること、適切な情報提供はこのための有効な手段のひとつです。ネットを活用しましょう。

第5章　人と人とをつなぐ性――関係とコミュニケーション

性関係をはじめるとき

大学生になったある女性が悩んでいます。小学生の頃、クラスの女子で回し読みしたケータイ小説は援助交際やレイプで傷つく女性の話ばかりで、セックスに嫌悪感があり、なんでそんなことをするのだろうとしか思えない。それでも好きな男性ができてふたりでいれば楽しい。手をつなげば嬉しい。彼も自分を好きだと言ってくれ大事にしてくれる。でもセックスとなると、その気にはなれない。さいわい、彼女は通院中で、その間はイヤだというと彼は「そうだね」と待っていてくれる。その通院もうじきおわる、となるともう「待って」とは言えないのではないだろうか。女友だちに相談したら「そんなに待たしちゃ(彼が)かわいそう」「それ以上待たせたら(彼に)浮気されるよ」「もうノーと言っちゃだめだよ」という答えばかり。ほんとうにそうなのだろうか。セックスってこうやってはじまるのだろうか……。

同じ年頃のある男性は、好きな女性と交際しているけれどセックスに踏み切れない。その理由は、「もし避妊に失敗したらまだ責任をとれないから」なのです。どんな避妊方法も一〇〇%完璧ではないし、失敗はつきものです。そのリスクを小さいと感じるか大きいと感じるか、まさにその人しだいですが、彼にとっては一%でも大きい。万一避妊に失敗したら彼女は生むか中絶かとなるわけですが、いずれにしても彼にとっては背負いきれない責任で、「しまった！」ではすまされない。それならばセックスをしない方がいい。彼の友人の男性は交際していた彼女の妊娠を知ってあわてて逃げてしまいました。そんな友人の行動にショックを受け、もう友人とは思えない。そんな自分の方がおかしいのだろうか。どうしたらいいのだろうか……。

自分は性欲を自覚していて、男性をセックスの対象として見ているのだが、そんな女性がいることをだれも分かってくれない、と悩む女性もいます。性欲からセックスをするのは男性だけであって、女性は相手の男性を愛しているからセックスを受けいれるのだ。女性は性の対象でこそあれ、その逆はありえないと思いこんでいる男性が多くて、彼女は男性にあわせようとすると自分にウソをついているように思えてくる。でも、自分の気持ちを相手にどう伝えてよいか分からない……。

まだ恋人はいないけれど、セックスをするような恋人にはしっかり自分の考えをもっていてほしい、と願っている男性もいます。セックスをいつするのかしないのか、避妊するのかしないのか、すべて男性におまかせというのはむしろ無責任ではないか。性に関することは、好きな相手にはとても言いにくいからこそ、それぞれがしっかりと考えていないと困るのではないか。でも男友だちの話を聞いていると、性についてはなりゆきまかせの展開が多いようで、不安になってしまう。本当に恋人ができたらどうしたらいいのだろう……。

じつは、彼、彼女たちは同じ大学でクラスをともにする学生なのです。率直に話せばいいのではないかと思いますが、そこが難しい。相手によい印象を与えたいとか嫌われたくないなどの思惑もあれば、なおさらかもしれません。メールとかコミュニケーションツールを駆使して伝えられればいいのですが、それもできない。それぞれの思いはバラバラでも「愛しあっているから性行為」という単純な思考におさめてしまうこともあるでしょう。生身の人間とのコミュニケーションはわずらわしいし、よく分からないから、バーチャルな関係、二次元のパートナーで十分という若者もいるようです。

つきあう、ということは「特定の相手」がいるということです。ひとりではありません。好きだからつきあいたい、となればその目的は「自分をよく知ってもらいたい」「相手をもっとよく知りたい」、そして「共感しあいたい」「信頼しあいたい」ということではないでしょうか。だからコミュニケーションが大きな力を発揮します。

ふたりだけになる、話をする、手をつなぐ、デートをする……胸がときめきますね。相手とつながっていたいという欲望はワクワクするもので、すてきです。生きている実感がします。これは年齢も性別も関係がない。何歳になってもワクワクしたいし、ワクワクできていると充実感にあふれてきたりします。そして、相手のよろこびが自分の満足になり、自分のよろこびが相手の満足になるという相乗効果が実感できる。これは他では得難いものだと思います。

そんななかで性行為もメニューにはいってくる。性行為はお互いのこころとからだの再発見にもなります。どうしたいのか、どうしてほしいのか、自分や相手の気持ちを確かめあったり、相手を思いやることもできますが、さもないと「こんなはずでは……」ということになりかねません。相手の気持ちを勝手に推測するのではなく、自分の気持ちは自分で伝えよう、相手の気持ちは相手に聞こう、というコミュニケーションが不可欠です。

実際、ふたりの性行為ほど変幻自在で自由なものはないといえるでしょう。こうすればこうなる式のマニュアルとは対極にあるものです。アダルトビデオは性行為マニュアルのようにも思われますが、マニュアルは不要というだけでなく、固定した性行為パターンをおしつけてしまうとしたら有害です。性行為は、ふたりで楽しさを創出できることがすてきなのです。たとえ勃起不能であっても、乳房を失っても、ふたりの性行為はどのようにも展開できるし、すてきなものになります。これは自分だけではできません。相手がいるからこそ可能です。よく「相手と一体になる」といいますが、挿入することが一体になることなのではありません。相手の愛しさが自分の愛しさに、相手への思いやりが自分への思いやりにとけこんで膨らんでゆく、それが「一体」という意味ではないでしょうか。

「ノーと言うスキル」の前に

学校では小学校から高校まで「ノーと言うスキル」を身につけよう、という教育がさかんに行われています。性については問答無用で行為に巻きこまれてしまい、心身にマイナスの影響を受けてしまうことがあるからです。女子の被害に焦点が当たりがちですが、男子も被害を受けています。嫌なことは嫌と言う、あたりまえのようでなかなか難しいのです。なぜならば、嫌だけれど嫌と言えない関係や環境があります。「ノーと言ったらかわいそう」という思いこみもあるかもしれません。これは個人のスキルではどうしようもないことだったりもします。

そこで私は、「ノーと言うスキル」の前に、「自分がされたら嫌なことは相手にしない」というメッセージが必要だと思うのです。「ノーと言うスキル」はもちろん大事ですが、「ノーだろうがかまいやしない」と考える人間にはあまり役にたたないのではないでしょうか。そんな人にもピンときて生きていくうえで有効なヒントとなるメッセージ、それが「自分がされたら嫌なことは相手にしない」だと思います。

自分がされたら嫌なこととはどんなことか、を子どもと一緒に考えてみましょう。暴力をふるわれたら嫌だ。侮辱されたら嫌だ。いじめられたら嫌だ。みんなに無視されたら嫌だ……。これらはほとんどの人に共通する項目ではないでしょうか。嫌なことを言われたりされたりしたら、自分はどんな気持ちになるだろう、どんな状態になってしまうだろうか。そう考えれば、なぜ嫌なのかよく分かります。だからこそ、それは相手にしない方がいいですね。相手がどう感じるかを想像してとどまる。もしこういう人間が増えたら、自然と嫌なことは減るはずではないでしょうか。みなそれぞれが大事にされ尊重されるために必要なメッセージ、生きる力を支えるメッセージ、自尊感情が豊かになるメッセージ、これを子どもたちに伝えたい。嫌なことは相手にしない、はその一つです。ここがきちんと分かっていれば、性的関係においてもあたりまえにあてはめられるはずなのです。

ところが、性について率直に語ったり話しあったりするのはタブーという環境だと、性だけが特別扱いになり、蓋をされ、性関係には別のルールをもちだされてしまいかねません。その代表が性関係においては男(女)はこうあるべき、というような固定観念です。これは男女に性の役割をあてはめて、それにしたがえというようなもので、そもそもコミュニケーションは不要になります。男女それぞれがパフォーマンスをすればすみます。その役割が自分の特性にあっていて無理のない人はいいでしょうが、さもなければたまりませんね。

子どもたちには、よいであいと幸せな関係を育ててもらいたいものです。性を語ることをタブーにしない、その環境をつくるだけでも大きな手助けになると思います。「性はコミュニケーション」ともよくいわれますが、性行為そのものが無言ですむ愛の確認であり、言葉の不要なコミュニケーションなのだと誤解している人がいます。そうではありません。性行為にいたるふたりのプロセスこそコミュニケーションがものをいうのであり、性について語りあえることが性関係を豊かにすることにつながるのではないでしょうか。

自分を守ることが相手を守ることになる

もうひとつ、性関係について子どもたちと考えたいことがあります。それは「性の健康」です。「性の健康」というのは「健全な性」のことで、健全な性とは、男女間で生涯一対一の関係で「正常な」体位でしかおこなわないこと、などということではありません。ふたりで性関係をもつということになると、ふたりの心身に影響を与える「望ましくないこと」も起きる可能性があります。愛しあって熱をあげているふたりはそのことを考えにくいものです。だからこそ大人がフォローする必要があります。学校で避妊や性感染予防を教えるのはそのためです。性行為の結果望ましくないことも起こりうるから、あらかじめその予防情報を提供しましょう、ということです。あらかじめ性行為を前提とした情報を提供することは性行為におすみつきを与えることであり、「寝た子を起こす」と反対する大人もいますが、これは健康管理の話です。そして、性の健康管理の要《かなめ》は、自分だけでなく相手も守ることができる、まさに一石二鳥だということです。かっこいいことではありませんか。相手を気づかっていることの具体的なあかしになるのです。

でも学校ではせいぜい一時間程度の授業しかないかもしれず、性的な関心のない子どもにとっては、情報は素通りするだけで記憶に残らないでしょう。だから繰り返すことが重要です。繰り返すことで「この話は自分の身に起こりうることなのだ」と理解する子どもが増えるのです。大学生に聞くと中学や高校での性教育は「教科書の音読だけだった」という人が少なからずいました。これではピンときませんね。

クイズやゲームで楽しみながら気づくワーク、このような参加型手法が集団では有効でしょう。性について語りあうには、安心して楽しい雰囲気でないと子どもが垣根をつくってしまいます。「自分には関係ない」「いやらしい」「恥ずかしい」という垣根です。それを取り払うのはゲームやクイズなどです。子どもたちの仲間や先輩が具体的な体験談をしてくれるのも有効です。お説教ではなく、「自分にもありうるおはなし」になるからです。

家庭では、避妊や予防について書かれたパンフレットを置いておくとか、性の健康に関する信頼できるサイトなどをそれとなく伝えたらどうでしょう。なにがあっても親は見守っているよ、というサインにもなります。自分を守り相手も守れている、こう感じられることは子どもの自信につながります。

性の健康を守りにくくする要因は、無知、誤解、偏見などがあげられます。それに関連して、こんな話があります。高校の授業で、性感染とその予防を取りあげ、子宮頸《しきゅうけい》がんにもふれたそうです。クラスの中に母親が子宮頸がんの手術を受けた生徒がいて、性感染と関係しているならば母親は浮気したにちがいないと思いこみ、母親に「汚い！」とくってかかってしまった。子宮頸がんの原因であるウイルス（ＨＰＶ）は父親がもっていたのですが、家庭内がしばしギクシャクしてしまい、「よけいなことを教えるな！」と父親は学校に抗議、校長は「性教育」を中止しかねないというのです。

なぜこうなってしまうのでしょう。子宮頸がんは原因が解明されています。ＨＰＶというウイルスに感染することにより子宮頸部ががん化するのです。この場合、ＨＰＶの感染経路は性行為なので、ＨＰＶの性感染が子宮頸がんの原因だということになります。

問題は、「性感染は浮気の証拠だ」という生徒の誤解、偏見です。性感染の社会的イメージが「不特定多数とのセックス」であるために、この誤解や偏見はなかなか消えません。そして、この偏見のために感染した人が非難されかねません。性感染は性道徳とは無関係であり、浮気などしなくても、ウイルスはウイルスの理屈にしたがい、予防しなければだれにもやってくる可能性があるのです。授業ではこの解説が足りなかったのでしょうか。生徒の誤解、偏見は放置されたままになってしまったようで、家庭騒動の元凶は学校教育だという抗議まで受けてしまいました。でもその結果、授業の存続自体があやうくなるというのは本末転倒といえるでしょう。性感染についての正しい認識があれば起きない騒動なのです。

いつでもどこでも役にたつコミュニケーションの五つのルール

さて、性やからだについて安心して率直に語りあえる若者たちが増えてほしいものです。性についてはどりにくいと実感している大学生たちは、コミュニケーションについてもっと具体的にクラスでトレーニングしてほしかった、といいます。具体的な支援をしてほしい、というわけです。たしかにコミュニケーションスキルは座学では学べません。家庭でも難しいですね。

とはいえ、不可能ではありません。じつはシンプルなルールを小さいときから繰り返し伝えておくことで事態は大いに改善すると思います。そのルールとはなんでしょう。

すでに説明してきたことですが、簡単な五つのルールです。

① 性別を言い訳や口実に使わない。
② 性やからだのことで相手を避難したり、揶揄しない。
③ 自分がされたり、言われたりしたら嫌なことは相手にしない、言わない。
④ 自分のことは自分で言わなければ相手に伝わらない。相手のことは相手に聞かなければ分からない。
⑤ 性関係をもつようになったら性の健康を守る。

これらのルールは、あらゆる場面において有効です。たとえば、大人が子どもと一緒に性について考えるときの会話、子どもどうしの日常の会話、大人どうしの日常の会話、恋人どうしの会話、家庭での会話、職場での会話、学校での会話……。

このルールは一生有効です。〝賞味期限〟はありません。むしろついついわすれがちになりますが、頭のすみにはいっていれば、ルール違反をしても「しまった」と気づいて、「ごめん、とりけし」と修正ができます。だから繰り返し伝えあうことが重要です。

子どもに対して大人は失敗できないと思いこみ、失敗をおそれて口をつぐむなんてまったく不要です。人間は失敗するけれど、そこから学べるのだというモデルになる方がよほど有効で、自分のためでもあり、子どもにとってはかっこいい大人にもなります。

コミュニケーションは生涯学習してほしいスキルともいえるでしょう。子どものときから、このルールが理屈ではなく頭にはいってからだの一部になっていたら、すてきだろうと思います。日常の会話にちょっと耳をかたむけてみましょう。自分の言葉をちょっと反芻《はんすう》してみましょう。子どもと性を考えることがあなたのスキルアップにもなる実践です。

性というのは生きていくことと切り離せません。性行為があろうとなかろうと関係はありません。性は自分とともにあり、自分と相手との間にあり、自分と社会をつなぐものでもあるのです。

第6章　多様な性のありよう――セクシュアリティについて

性について子どもとともに考える、そのヒントをとりあげてきました。

性とは単なる性別でも性行為のことを指すのでもなく、生きることの根っこにあり、生きることと不可分だということがお分かりいただけたかと思います。

人はだれもが性的に存在し、性とともに生きています。そんな個人的な性のありようをセクシュアリティといいます。セクシュアリティというのは性別（セックス）や性行為をこえた、その人のトータルな性の姿（リアリティ）といってもいいでしょう。

セクシュアリティを考えるための六つの扉

そこで最後に、自分の（あなたの、子どもの）セクシュアリティを考えるヒントをあげておきましょう。わたしの師匠のミルトン・ダイアモンド博士（ハワイ大学）が提唱しているＰＲＩＭＯというのがそれです。あなたの性を考える五つの扉《とびら》がＰＲＩＭＯです。わたしはこれに性別を示すＳをくわえてＰＲＩＭＯＳ、六つの扉としてみました。それぞれの扉を開けてみましょう。

Ｐ(gender pattern)　あなたは周囲からどの性に見られていますか、どう見られようとしていますか。

わたしたちはとりあえず外見で他者の性別を(勝手に)判断し、しぐさ、態度、役割(仕事)などで確認していませんか。あなたは社会的に女性と見られるか男性と見られるか、それを左右するのがパターンです。スカートをはいて長髪で化粧をしていれば、とりあえず女性。外見ではよく分からないのだけれど、「僕は」と言えばとりあえず男性と見られます。

ジェンダーのパターンが固定的であると、それにしたがっていれば楽ですが、少しでもズレると「変な人」とみなされたりします。でもこの基準も絶対ではありません。パターンはじつに流動的です。


R(reproduction)　生殖のことです。オスとメスは生殖のために必要なわけです。

あなたは生殖パワーを発揮していますか、いませんか、したいけれどできませんか、できるけれど今は嫌ですか、計画しますか、しませんか。子どもは欲しいが不妊だというカップルのために、今ではさまざまな生殖補助医療技術などがあります。生殖は義務ではなくカップルの選択という時代になってきていますが、なにをどこまで選べるかは個人ではなく社会が決めています。たとえば代理妊娠を認める社会もあれば、厳しい条件をつけたり認めないという社会もあります。


I(gender identity)　アイデンティティとは「自分はなにものか」ということです。

あなたは社会的にはどの性別として生きているのでしょう?　誕生時に性器で指定された性別に違和感はありますか、ありませんか、どの程度の違和感ですか、あなたの居心地がいい位置はどのあたりですか。自分は△△人だとか○○社員だとか、アイデンティティのよりどころはさまざまですが、これらはけっこう変動します。性別アイデンティティは性器にもとづく生来的なものであり、「もっともゆるがないもの」とされてきましたが、そうではありません。人間というのはじつに不思議です。

M(mechanism)　あなたの性的反応はどんなものでしょうか。

性的刺激を受けるとからだはいかに反応するのか、この生理的メカニズムは性別にかかわらず同じなのですが、性的反応は心理や状況から大いに影響を受けます。しかも、相手がいるわけですから、機械のオンオフのようにはいきません。

あなたは性機能障害といわれたことがありますか、ないですか。自分の性的機能に満足していますか、不満ですか、気になりますか、なりませんか。「たたなければ男じゃない、感じなければ女じゃない」というように性機能をとりわけ重視する人もいますが、性関係にあるふたりが満足ならいいのではないかとも思います。性機能障害とは、だれのために、だれが定義するのか、これも考えてみたいですね。

O(sexual orientation)　あなたが性的に惹かれるのはだれですか。

同性ですか、異性ですか、どちらもありですか、人間には惹かれませんか。惹かれるけれど性行為はしない、惹かれないけど性行為はできる、ということもありますね。どの時代やどの社会にも、同性にしか惹かれない人がいます。自然が生みだす多様な存在の一例です。だれに惹かれてもいいわけですが、性行為は相手の合意が前提ですから、自分の意志で合意する力はないとされる幼い子どもを相手にはできません。この年齢は社会が決めています。

現在の日本は性的関心の薄い若者が増えているようです。まさに人間の性は生殖だけが目的なのではない、ということでしょうか。

S(sex)　性器の示す性別です。

あなたの性器はメス型ですか、オス型ですか、判定不能でしたか。前にふれたように性器はもともとメス型に発達するものですが、メス路線からオスが分化するわけです。すると分化が完全とはいえず、誕生時の見た目では「判定不能」がありえます。これをインターセックスといい、どの社会やどの時代にも存在するものです。これをテーマにしたテレビドラマも日本でつくられました。

あなたの子どもが性別判定不能で生まれたとします。出生届には子どもの性別の記入が必須としたら、あなたはどの性別を選びますか。それはなぜですか。

この六つの扉はそれぞれ、あなたという性的存在の属性です。このそれぞれには、こころ、からだ、関係性がからんでくるのでセクシュアリティはとても複雑・微妙なものになります。ひとりひとりみなちがうし、同じ人でも時間や関係とともに変わってきます。まさに人間とは変わるものだと思います。そして、これらは自分が生きている社会の影響も少なからず受けます。性は個人的にだけではなく、社会的に存在するからです。社会は性を個人のこと、プライバシーだとしてほうってはおきません。ほうっておかないだけでなく、「望ましい性的ありよう」を求めています。ということは社会にとって「望ましくない性のありよう」もあるわけで、それを法律で禁じたりもします。

たとえば、女子として生まれたら、社会が女らしいとしている服装、しぐさ、態度、言葉遣いをきちんと身につけ、女性であることを疑わず、男性を愛し、結婚してから妊娠し健康な子（たち）を出産し、夫を支えて家事・育児に喜びをみいだし、夫の求めに応じて性的に反応でき、それ以外は求めず、というところが「望ましい女性像」でしょうか。男の子なら男らしく育ち、学力、体力、経済力をそなえ、女性を愛し、子（たち）の父となり、仕事をとおして社会に大いに貢献し、性的にもタフでありつづける、となります。そしてこのようなふたりが対《つい》となり、家庭をつくり守る。

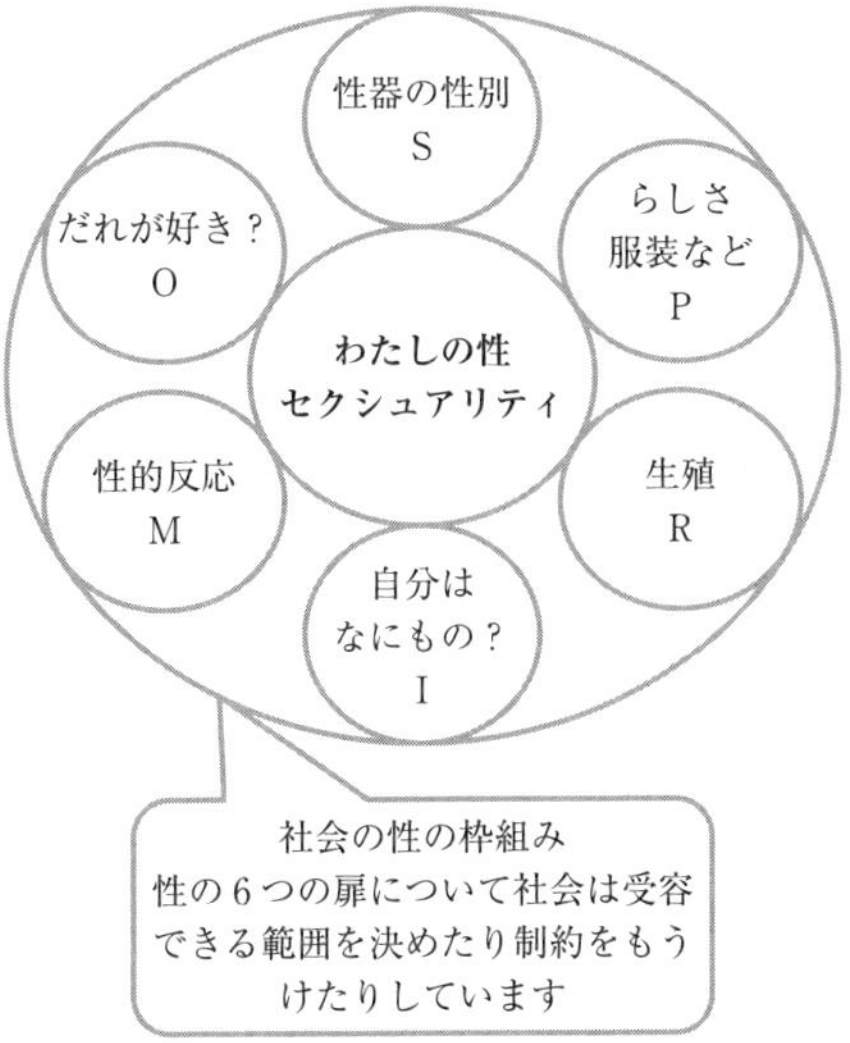

図　PRIMOS――わたしの性と６つの扉

しかし、実際に生きているわたしたちはじつに個性的で、このような社会的雛型像《ひながたぞう》から大なり小なりズレているわけです。ズレてはいけないのではなく、ズレていてあたりまえなのです。いうまでもありませんが、社会的雛型像も変わります。文化がちがえば雛型はちがうし、日本でも最近はスピーディに変化していますね。ジェンダーパターンはとくにそうです。ファッションはすでに自由といえるし、職業も性別より適性が重視されるようになりました。社会がこのように柔軟になるということは、社会が受容するズレの幅が大きくなるということですから、多くの人にとって「生きやすさ」につながるはずです。

ＰＲＩＭＯＳについて簡単に説明しましたが、それぞれの扉は奥が深く、社会の根幹につながっていきます。たとえば、最近メディアでよくとりあげられる出生前診断や生殖補助医療技術をどこまで認めるのか、同性婚を認めるのかなどは、わたしたちがどのような社会を求めているのかと直結します。これは当事者だけの問題ではありません。技術や科学的知見をどう使いこなし、生きている人間のために活《い》かせるのか、多様な存在としての人をいかに受容できるのか、という社会の根幹が問われているわけです。あなたと子どものために、どんな社会であってほしいのか、性という扉からも考えてみましょう。

多数派だから正常というわけではない

ＰＲＩＭＯＳのそれぞれで、自分は典型的な存在かそうでないかをチェックしてみるとおもしろいです。典型的というのは、とりあえずの多数派とおきかえてもいいかもしれませんが、「多数派は多数であることによって正常、少数派は多数派とちがうから異常」というイメージがついてきやすいので、正常・異常のイメージのついていない典型か非典型かと考えてみる方がいいと思います。

そもそも人はみな遺伝子セットがちがいます（例外は一卵性双生児）。しかも人間は遺伝子セットで決まるのではなく、育ちや環境や持って生まれた気質などが複雑・微妙にからんで人格を形成し、さらには長い人生の経験や人間関係が味付けをするわけで、みなそれぞれに魅力的です。同時にわたしたちは「みんなと同じ」と思えると安心します。自分の考えはみんなと同じだと思いこんだりもします。「同じ人間じゃないか」といえるわけです。ということは、「みんなとちがう」はこわいことになります。「同じ人間じゃない」といわれると排除されてしまいかねません。

社会は、いわゆる少数派を排除したり差別したりしがちなものです。たまたま数が多いということは正常か正常でないかとは無関係なのですが、少数＝異常とすると理屈抜きで排除できるので便利なのですね。たとえば同性どうしの性愛は昔からどの社会にもありました。人間の性のひとつの姿なのですからあたりまえです。しかし少数であるために時代や社会によっては病気や犯罪とみなされます。異性愛が多数で正常なのだから同性愛は異常というわけです。異常は忌み嫌われたり排除されこそすれ、コミュニケーションのパートナーとはみなされにくい。今でこそ性の理解がすすんで「だれが好きかはセクシュアリティのひとつの属性」、だから属性のひとつが自分とはちがっていても基本は同じだと理解できる。そう納得すればコミュニケーションが成りたちます。

さて、あなたのファッションや生き方は典型的な女性（男性）パターンでしょうか？　そうとはいえないとしたらどの程度非典型なのでしょう。一〇年前はどうだったかな？　一〇年後はどうだろう？　パートナーはどう変わってきたかな？　わが子にはどんなパターンを期待しているのでしょう？　こういう作業はけっこうおもしろいものです。典型、非典型はけっこう変わるし、いれかわったりもするからです。この作業は性についてのあらたな発見につながるし、性についての思いこみが解けていくことにもなるでしょう。

性に蓋をしないで開けておこう

子どもは性についてさまざまな悩みや不安をかかえます。自分ひとりでかかえこみ、なかなか相談もできません。性について語りにくい環境ではとくにそうなってしまいますね。環境はすぐには変えられないとしても、性を安心して語れる大人が身近に存在してくれればずいぶんと楽になるでしょう。学校でも家庭でも、性をタブーにしないこと。性は生きていることと自然につながっているのです。性を特別扱いして蓋をするのはとても不自然なことではないでしょうか。まず蓋をはずしましょう。子どもとともに蓋をはずしてみましょう。そして蓋を開けておきましょう。いつでも覗けるように。

性についてちゃんと教育してほしかったという大学生がこう言っています。

「たとえ大人が性に蓋をしても子どもは情報を求めている。そしてそれに気づく前から刺激的な性の情報はあふれていて、子どもは知らぬうちにそれにどっぷりつかっている。それ以外の情報をきちんと与えられないと、子どもは身の回りの刺激的な情報しか頼れないし、それを信じざるを得ない。その結果、子どもが傷ついたりするとしても、大人はやはり性に蓋をしておきたいのだろうか。そう望んでいるのではないはずだと思う。ならば蓋を取りはずして、少なくとも情報の偏りをなくしてほしい。性をタブーにしないで、安心して相談してもいいし、相談できると思わせてほしい。大人がふたりいたら、ふたりの意見はちがっていていい。ちがう方が自然だし、そこから子どもは考えることができるから」

この言葉は、まさに本書の意図を代弁してくれているのですが、子どものために性の蓋をはずすことは大人のあなたのためでもあります。性は一生のつきあいで、生きること、からだ、こころ、他者との関係の土台にあります。だから、性は生涯学習のテーマでもあります。これに蓋をしていてはもったいない。なぜなら性については、率直に語られないままに、さまざまな「思いこみ」が登場し、そのままにしておくと、それが「思いこみ」と気づくチャンスもなく、その「思いこみ」に縛られてしまうからです。

大人になるほど、「思いこみ」が頑固な力を発揮し、これはかなり厄介です。「性について知れば知るほど自分が楽になる」というのはわたしの実感なのですが、「思いこみ」から自由になるので楽になれるのです。楽になると、「思いこみ」に縛られているのはずいぶん損なことだと感じます。だから性の蓋をあけるのは早い方がいい。性は奥深いものでつきることがないテーマです。自分のことであり相手のことであり、社会のことでもある、というおもしろいテーマです。

おもしろくて深遠な性について子どもと探検してみましょう。性は一生のつきあいです。子どもは一生のご縁です。ともに大切にしたいではありませんか。今からでも遅くはありません。

池上千寿子

1946年生まれ．NPO法人ぷれいす東京理事．東京大学を卒業後，出版社勤務を経て執筆活動を始める．82年からハワイ大学「性と社会太平洋研究所」でセクソロジーを学ぶ．94年に，ぷれいす東京を設立しエイズ予防とケアの活動に従事，2012年まで代表をつとめる．著書に『思いこみの性，リスキーなセックス』(岩波書店，2011年)，『21世紀の課題＝今こそ，エイズを考える』(財団法人 日本性教育協会，2011年)，『アダムとイブのやぶにらみ——刺激的ヒューマン・ウォッチングのすすめ』(はまの出版，1996年)，『性ってなんだろう』(大修館書店，1989年)，『エイズ——性・愛・病気』(ミルトン・ダイアモンドとの共著，現代書館，1988年)ほか．翻訳書も多数．2005年エイボン女性教育賞，2009年日本エイズ学会アルトマーク賞，2011年WAS金賞を受賞．

性について語ろう—子どもと一緒に考える　　岩波ブックレット 872

2013年6月4日　第1刷発行

著　者　池上千寿子《いけがみちずこ》

発行者　岡本 厚

発行所　株式会社 岩波書店
〒101-8002 東京都千代田区一ツ橋 2-5-5
電話案内 03-5210-4000　販売部 03-5210-4111
ブックレット編集部 03-5210-4069
http://www.iwanami.co.jp/hensyu/booklet/

印刷・製本　法令印刷　　装丁　副田高行　　表紙イラスト　藤原ヒロコ

ISBN 978-4-00-270872-0　　Printed in Japan